C

D

G

H

K

L

MEINE FIBEL

Gerhard Dathe · Edmund Wendelmuth

Erika Richter · Gerhild Schenk · Isolde Stangner

Die Bilder malte Konrad Golz

Bearbeitet von

Edmund Wendelmuth · Gerhild Schenk · Isolde Stangner

Volk und Wissen Verlag GmbH

Oma **Oma**

O	**m**			**m**	**a**

Oma
Om
O
Om
Oma

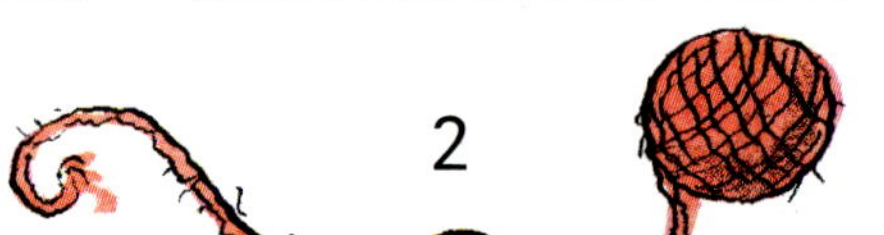

M	m
M	*m*

Mama **Mama**

M		m	

Ma	

O ma
Ma ma

Ma ma
O ma

Mama
Mam
Ma
M
Ma
Mam
Mama

Oma
ma
a

ist

Oma

Mama

Oma ist am 

Mama ist am 

O ma
am

Ma ma
am

Mama
ama
ma
a
ma
Oma

P	p
P	*p*

Papa **Papa**

Pa	

	pa

Papa ist am 

ist Mama am 

Mama ist am 

Papa
Pap
Pa
P
Pa
Pap
Papa

Pa pa
Ma ma

Opa

O	p	

	p	a

Opa ist am 

Oma ist am 

Papa 

O
Pa pa

Ma
O ma

Opa
Op
O
Op
Opa

Oma

i

i

Mimi

Mimi ist im 

am  ist Omi

Mami ist am 

Opa ist im  am 

ist Papi im 

Papi ist am 

Mimi
Mim
Mi
M
Mi
Mim
Mimi

Oma	Mama	Opa	Papa	Mami
Omi	Mami	Opi	Papi	Mimi

ruft

Mimi ist im 

Mimi ruft Mami

Omi ruft Mimi

Omi ist am 

Opa ist am 

Mami
Mam
Ma
M
Mi
Mim
Mimi

Ma ma	Ma mi		O mi	O ma
am	im		im	am

Opa ist im 

Omi ist im

Papa ist am 

Opa ruft Mimi

ist Mami im 

Mami ist am 

Oma
Om
O
Op
Opa
Opi

Mi – mi
O – mi

Pa – pa
O – pa

O – ma
Ma – ma

N	**n**
N	*n*

Nina

Nina ist im 

Mama ist im 

ist Papa im 

Nina ruft Papa

Nina
Nin
Ni
N
Ni
Nin
Nina

Ni na
Pa pa

Ma ma
Mi mi

Ni	Ma	Pa
ma	pa	na

I	i
I	i

Ina

Ina ist am

Papa ist am

ist Nina im

Nina ist am

Ina
In
I
In
Ina

Nina
na
a
na
Ina

Ni na
Ni

Ni na
na

I na
na

O	**o**
O	*o*

Moni

Moni 

Mimi ist im 

Mimi ruft Moni Moni

Moni ruft O Mimi

Moni
Mon
Mo
M
Mo
Mon
Moni

Ma_ _   Mi_ _   Mo_ _   Ni_ _   Pa_ _

Mo	Ni	Mi
na	mi	ni

und **sind**

Nina und Moni sind im 

Omi und Mama sind am 

Mimi ruft Omi

am  sind Ina und Papa

Moni
oni
ni
i
ni
oni
Moni

Omi

Mama und Papa   Nina und Ina

Oma und Opa   Mimi und Moni

Mama und Oma 

Mimi ist im  und ruft Omi

Opa und Moni sind am 

sind Nina und Ina am 

Nina und Ina sind am 

Oma *Opa*

Mi mi	Ni na	Pa pa	Ma ma
Ma mi	I na	O pa	O ma

Mama und Papa sind im …

Moni und Ina sind im … 

am  ist Papa und

Oma und Mama sind am 

am  ist Opa und 

Moni
ni
i
mi
Mimi

Mami

Mo	I	O	Ni
pa	ni	na	ma

Mama und Moni sind im 

Nina und Papa sind im 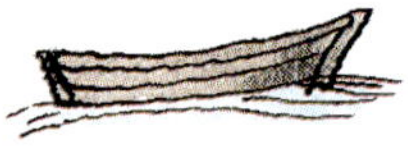

Oma und Opa sind am 

Opa ruft Nina und Moni

Moni
oni
ni
Nina
ina
na

Moni und Mama

Papa und Nina

Oma und Opa

Papi und Mami

L l

Lilo

Lilo und Omi sind am 
Lilo ruft Omi
Oma ruft Lilo und 
sind Mama und Papa am 
Mama und Papa sind am 

Lilo
Lil
Li
L
Li
Lil
Lilo

Ma_ _ Mo_ _ Mi_ _ Ni_ _ Li_ _ O_ _

Lilo, Ina und Moni 

Nina und Loni sind am 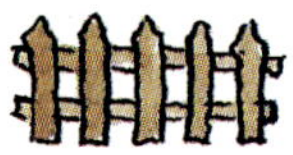

Mimi 

am  sind Mama und Oma

Mama ruft Mimi

Moni
Loni

Nina
Ina

Mami
Mimi

Mama Mami

O	P	M	N	L	I
o	p	m	n	l	i

Ina, Lilo und Moni sind im ...

Nina und Loni sind im ...

Ina und Lilo sind am 

Moni ist am 

am 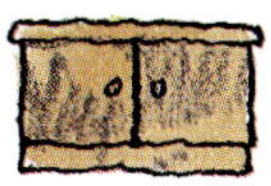 sind Nina und Loni

Nina

Loni
Lon
Lo
L
Lo
Lon
Loni

Moni
Loni

Li_ _ Mo_ _ Ni_ _ Lo_ _ I_ _

U u
U u

Uli

Uli, Lilo und Loni sind im …

Loni und Uli sind am 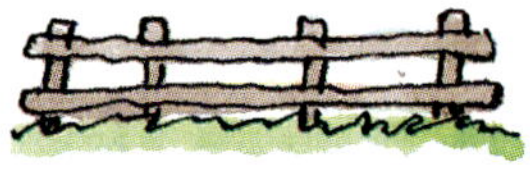

am  ist Muli

Loni ruft Muli

ist Muli nun am 

Muli ist nun am 

Uli
Ul
U
Ul
Uli

Muli
Mul
Mu
M
Mu
Mul
Muli

Loni, Uli und Lilo sind am 

am 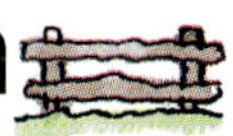 sind Mama und Papa

Opa und Omi sind am 

Mimi ruft Uli

nun ist Muli am 

Muli
uli
li
i
li
uli
Muli

Uli

Lo	U	Mu	Li
li	lo	ni	li

A a
A a

Anna

Opa und Anna  .
Mama ist im  und …
Uli und Lilo sind im  und …
Papa ist am 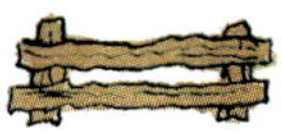 und …

Papa *Papi*

Anna
Ann
A
Ann
Anni

Lilo
ilo
lo
ilo
Lilo

Nina
Ina

O	A	I	U	P	M	N	L
o	a	i	u	p	m	n	l

E e

E e

Emil

Alle malen.

Emil und Lilo malen  .

Anna und Uli malen  .

Nun malen alle  .

Alle malen nun  .

Alle malen.

Emil
Emi
Em
E
Em
Emi
Emil

malen
male
mal
ma
mal
male
malen

T	t
T	*t*

Tilo

Alle malen am 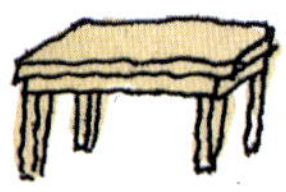.

Tilo malt .

Anna malt .

Emil malt .

Anna male nun Mama im .

Tilo	Moni	Nina	im
Lilo	Toni	Tina	Tim

Tilo
Til
Ti
T
Ti
Til
Tilo

malen
male
malt

S	**s**
S	*s*

Susi

Susi und Emil lesen.

Uli und Anna lesen.

Es lesen alle.

Alle lesen, lesen, lesen.

Alle lesen, lesen.

Susi
Sus
Su
Sus
Susi

lesen
lese
les
lese
lesen

le sen
ma len

Su	ma	E	le
len	sen	si	mil

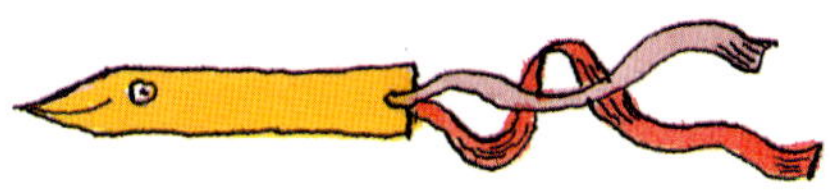

Alle sind am  .

Susi, Anne und Tilo lesen.

Tina und Lisa malen.

Nun soll Tilo malen.

Tilo malt Anne.

Nun sollen alle lesen.

Nun lesen alle.

sollen
solle
soll
solle
sollen

Anna
Anne

Lilo
Lisa

Nina
Tina

O	A	M	P	I	N	L	U	E	S	T
o	a	m	p	i	n	l	u	e	s	t

R	**r**
R	*r*

Rosi

Rosi und Nina rollen.
Susi und Emil rollen.
Alle rollen, rollen, rollen.

Nun soll Uli rollen.
Rolle los, Uli!
Uli rollt und rollt.

Rosi
Ros
Ro
Ros
Rose

rollen
rolle
roll
rolle
rollen

sollen
rollen

Alle rollen und rennen.

Tim rollt mit  .

Rosi rollt mit  .

Tilo rennt, und Uli rennt mit.

Nun soll Anne rollen.

Anne soll es lernen.

Rolle nun los, Anne!

Alle rollen und rennen.

rollen	rennen	lernen	sollen
er rollt	er rennt	er lernt	er soll

rennen
renne
renn
renne
rennen

lernen
lerne
lern
lerne
lernen

rennen
rennt

lernen
lernt

Ei ei

Ei ei

Loni, Toni und Susi essen ein Eis.

Hm, rosa Eis!

Susi ruft:

O, mein Eis, mein Eis!

Na, Susi ein Ei?

Nein, nein, ein Eis!

ein Eis
mein Eis

ein Ei
mein Ei

ein Ei
sein Eis

eine
ein
ei
ein
eine

meine
mein

ein
mein
sein
nein
rein

Rosi
rosa

H	h
H	*h*

Hans und Uli holen ein Seil.
Nun sollen alle rennen.
Alle rennen einmal hin.
Alle rennen einmal her.
Nun soll Hans rennen.
So, nun los, Hans!

holen
hole
hol
ho
hol
hole
holen

einmal hin
einmal her

rennen
nennen

Susi, Hans und Moni sind am Seil.
Ina, Lore und Uli sind am Seil. So, nun los!

turnen
turne
turn
turne
turnen

alle
Halle

rollen
Rolle
Roller

Erst rennen alle.

Tim rennt hin, und Hans rennt her.

Alle sind in einer Reihe

und lernen eine Rolle.

Nun turnen alle an den 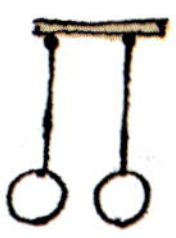 .

rennen	rollen	turnen	lernen
er rennt	er rollt	er turnt	er lernt

Toni hat einen 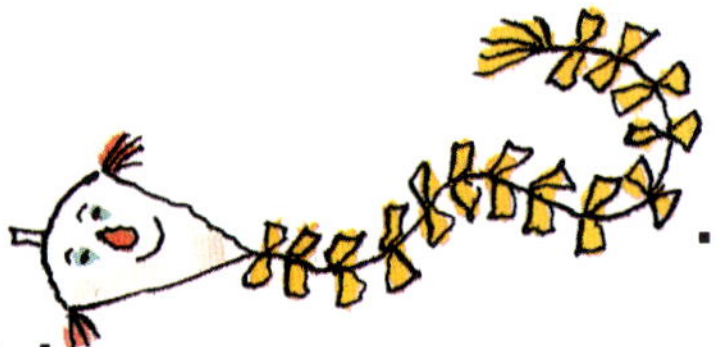.

Ute malt eine rote Nase.

Nun holt Hans seinen .

Er ist rot.

Es ist ein roter .

malen, holen

Toni
Ton
To
Ton
Toni

holen
hole
hol
holt

malen
male
mal
malt

malen	holen	eine rote Nase
er malt	er holt	ein roter

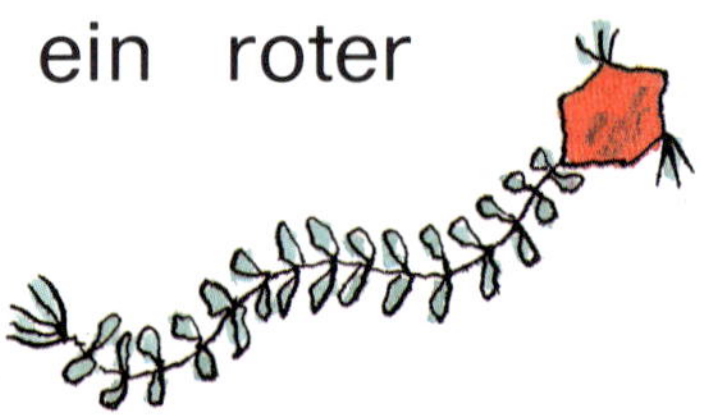

Toni hat seinen  mit.
Er hat eine rote Nase.

Hans hat seinen  mit.
Es ist ein roter .

Emil rennt. Lisa rennt.
Alle rennen.

seinen
seine
sein
sei
sein
seine
seinen

rote
rot
ro
rot
rote

Er hat eine rote Nase.

rollen	malen	rennen	holen
rolle	male	renne	hole
er rollt	er malt	er rennt	er holt

Alle lernen lesen.

Dana und Udo sollen lesen.

Udo soll den Namen lesen.

Nun soll Dana den Namen lesen.

Alle lesen leise mit:

Der Sandmann ist da.

Alle lernen lesen.

der Sand — der Mann

der Sandmann

Dana
Dan
Da
Dan
Dani

Udo
do
o
do
Udo

er
der
her

Udo hat seinen Hund mit.

Nanu, der Hund rennt los.

Er rennt einer  hinterher.

Da rennt Udo hinter dem Hund her.

Udo holt ihn ein.

Nun hat er ihn an der Leine.

und
Hund
Mund
rund

eine
meine
seine
deine
Leine

Udo hat einen Hund.

hinter	holen	rennen
hinterher	einholen	losrennen

W w
W w

Wo ist Uwe?
Uwe ist an der Wand.
Wo ist Udo?
Ist Udo hinter der Tanne?
Nein, Udo ist hinter der Tonne.

Wo sind Dana und Lisa?
Dana ist hinter dem  .
Lisa ist hinter dem  .

Wo?
hinter dem 
hinter dem 
hinter dem 
hinter dem 
hinter dem 
hinter der Tanne
hinter der Tonne

Wo ist Uwe?

Wand	Tanne	Tonne	hinter	wo
Hand	Wanne	Sonne	Winter	so

Papa ruft:

Uwe, hole Wasser!

Nimm den Eimer!

Uwe holt Wasser.

Nanu, wo ist das Wasser hin?

Wer war am Eimer?

Der Hund war am Eimer.

Nimm den  !

Nimm den  !

Nimm den Eimer!

Nimm den Hund!

Nimm das Wasser!

Wer war es?	Hund	das	der	wollen
Er war es.	rund	was	wer	sollen

ie
ie

Unsere Tiere

Hans hat einen Hund.
Der Hund hat einen Namen.
Hans ruft ihn Nero.
Hans und Nero rennen um die Wette.

Marie hat einen Hamster.
Sie nimmt ihn in den Arm.

die Tiere *das Tier*

die Tiere
das Tier

sie
die
wie

Hund
Hand
Hans

das Tier	die Wiese	die Hand
hier	der Riese	die Wand

MORINO

Alle sind leise.
Sie wollen die Tiere sehen.
Die  turnen an einem Seil.
Der Seehund nimmt den  mit der Nase.
Ein Esel soll lesen lernen.
Er ruft: IA, IA!
Was hat der  in seinem Hut?

sehen
sehe
seh
sehe
sehen

sehen
wehen

sollen
wollen

Alle wollen die Tiere sehen.

die Nase	leise	der Hut	ein Seil
der Hase	die Meise	der Mut	ein Teil

F f

F f

Ina hat ein Fahrrad

Ina will mit dem Fahrrad fahren.
Sie soll es erst lernen.
Olaf will ihr helfen.
Fahre los, Ina!

Hans ruft: Nero, hierher!
Ina, halte an!

fahren
fahre
fahr
fahre
fahren

helfen
helfe
helf
helfe
helfen

fahren	helfen	halten
losfahren	er hilft	halte an
Fahrrad	die Hilfe	anhalten

Sie sollen helfen

Da sind Oma und Opa Hofmann.
Ute und Ina rufen Tilo und Udo.
Sie sollen helfen.

Tilo hilft dem Opa.
Udo hilft der Oma.

sie rufen
wir rufen
er ruft

sie helfen
wir helfen
er hilft

ho	ma	ru	hel
fen	fen	len	len

Au	**au**
Au	*au*

Wir fahren im Auto mit

Oma und Opa sind mit ihrem Auto da.
Sie rufen uns.
Wir laufen aus dem Haus.
Wohin fahren wir?
Wir fahren …

Was nehmen wir mit?

Ute nimmt ihre Puppe mit.
Paul nimmt sein Auto mit.
Olaf nimmt seinen Hund mit.

Nun laufen wir in das Haus
und holen alles.

laufen
laufe
lauf
lau
lauf
laufe
laufen

fahren
fahre
fahr
fahre
fahren

Wir laufen aus dem Haus.

das Haus	die Puppe	der Hund	das Tier
die Maus	die Suppe	der Mund	hier

Auf dem Dorf

O, eine Sau! O, eine Sau!
Wir laufen hin.
Frau Rau,
wir sehen nur mal hinein.
Der Raum ist hell und rein.

Die Sau soll allein sein.
Sie soll fressen.
Sie soll saufen.
Sie soll nun ausruhen.

ruhen
ruhe
ruh
ruhe
ruhen

laufen
aufen
fen
aufen
saufen

Tiere saufen	Tiere fressen	allein	ruhen
wir laufen	wir essen	hinein	ausruhen

B	b
B	*b*

Im Wald

Wir sind im Wald.
Papa rennt mit uns um die Wette.
Mutti und Paul laufen hinterher.
Wir haben einen Ball mit.
Den Ball werfen wir hin und her.
Dann laufen wir auf einem Baum.
Mutti und Papa helfen uns.

haben
habe
hab
ha
hab
habe
haben

hin
hinter
hinterher

der Baum
der Raum

Wir laufen auf einem Baum.

auf dem Baum laufen	den Ball werfen	hin und her werfen
um die Wette rennen	hinterher laufen	hin und her rennen

In der Badewanne

Paul und Tina baden.
Sie haben ein Boot mit in der Wanne.
Sie toben im Wasser umher.
Papa ruft: Seid ihr bald sauber?
Aber Tina und Paul toben weiter.
Nun aber Ruhe! ruft Papa.
Da nehmen sie Seife und Lappen.

Nun sind sie sauber.

baden
bade
bad
ba
bad
bade
baden

bald
der Wald

weiter
die Leiter

sie baden
das Bad
die Badewanne

ba	to	ha	ru	neh
ben	men	fen	den	ben

die Wanne
die Tanne
die Panne

Tri, tra, trallala!

Tri, tra, trallala!
Seid ihr alle da?
Ratet einmal, wer ich bin!
Ich bin der Seppel, der Seppel-Peppel.
Wir wollen alle lachen
und tolle Sachen machen.

Aber wer lacht da hinten so leise?
Wer ist es?
Wir wollen ihn rufen.
Alle rufen laut den Namen.
Was rufen sie?

machen	mich	er lacht	leise
Sachen	dich	wir lachen	Meise
lachen	ich	sie lachen	Reise

Alle machen feine Sachen

Tina malt einen Tannenbaum.
Paul malt bunte Blumen.
Ich will das rote Papier falten.

Nanu, wo ist das rote Papier hin?
Michael hat es in der Hand.
Was macht er damit?

Sachen
Sache
Sach
Sache
Sachen

da
damit

Alle machen feine Sachen.

die Hand
die Wand
das Land

Was machen wir?
Was macht er?
Was mache ich?

Wir falten.
Er faltet.
Ich falte.

Sch	**sch**
Sch	*sch*

Wir lernen mit Sascha

Sascha ist immer noch nicht wieder in der Schule.
Er will aber schon wissen, was wir in der Schule alles machen.

Wer wird Sascha helfen?
Olaf will mit ihm rechnen.
Tina will mit Sascha lesen.
Ich will mit ihm schreiben.

schreiben
schreibe
schreib
schrei
schreib
schreibe
schreiben

wir schreiben
ich schreibe
er schreibt

wir wollen lesen	wir wollen schreiben	wir wollen rechnen
er will lesen	er will schreiben	er will rechnen

Ö ö

Ö ö

Ü ü

Ü ü

Ein Brüderchen?

Anne möchte einen Bruder haben.
Sie wünscht ihn sich so sehr.

Papa meint: Er wird laut weinen.
Anne meint: Ich werde ihn trösten.
Mama meint: Wir werden ihn ausfahren müssen.
Anne meint: Au fein, das werde ich machen.
Wir werden das Brüderchen sehr lieb haben.

ich werde
wir werden
er wird

meinen
weinen

er meint
er weint

wünschen	trösten	der Bruder
ich wünsche mir	ich tröste ihn	die Brüder
sie wünscht sich	ich tröste dich	das Brüderchen

K	**k**
K	*k*

Am Telefon

Karin und Klaus rufen ihre Mutti an.
„Hallo, Mutti!
Hier sind Karin und Klaus.“

„Na, Kinder! Was möchtet ihr denn?“

„Mutti, wir sollten doch einkaufen.
Was sollen wir denn alles kaufen?“

kaufen
kaufe
kauf
kau
kauf
kaufe
kaufen

kaufen
einkaufen

Was sollen wir kaufen ?

rufen	kaufen
sie rufen an	sie kaufen ein
anrufen	einkaufen

Karin und Klaus kaufen ein

Mutti bittet die Kinder:
„Lauft bitte in die Kaufhalle!
Kauft noch Brot, Butter und Kuchen!"

Klaus nimmt einen Korb.
Karin holt das Brot
und einen Kuchen.
Wo ist die Butter?
Klaus findet sie schnell.
Er kann doch schon lesen.

wir kaufen
er kauft
die Kaufhalle
das Kaufhaus

wir bitten
er bittet
die Bitte

wir finden
er findet

Was kaufen die Kinder?

die Mutter	wir kaufen	wir finden	kann	doch
die Butter	wir laufen	wir binden	dann	noch

G g

G g

An der Kasse

Karin und Klaus gehen mit dem Korb
an die Kasse.
Dort sehen sie Gabi und Michael.
Gabi und Michael haben auch
Brot und Butter gekauft.
Nun sind Karin und Klaus an der Reihe.
Sie legen das Geld hin.
Dann sagen sie: „Auf Wiedersehen!“
Mutti sagt: „Das habt ihr gut gemacht.“

kaufen
gekauft

machen
gemacht

sagen
gesagt

legen
gelegt

gehen	sagen	legen	die Kasse	gut
sehen	wagen	fegen	die Tasse	der Hut

ß

ß

Was ist alles weiß?

Die Lehrerin fragt:
„Was ist alles weiß?"
Moni sagt: „Der Schnee."
Martin sagt: „Das Mehl."
Gabi sagt: „Die Kreide."
Die Lehrerin sagt: „Klaus ist immer weiß,
wenn er die Tafel abgewischt hat."

Nach Peter Abraham

Was ist alles heiß?

Moni sagt …

Martin sagt …

Gabi sagt …

Die Lehrerin sagt …

V	v
V	*v*

Mein Vogel

Ich habe von Oma
einen Vogel bekommen.
Vati hat einen Vogelbauer geholt.
Mutti hat Vogelfutter gekauft.
Ich will meinen Vogel gut versorgen.
Er soll Bubi heißen.
Bubi soll es gut bei mir haben.

Vater
Vati

Vogel
Vogelbauer
Vogelfutter

sorgen
versorgen

Ich habe einen Vogel.

Weißt du, was Bubi gern frißt?

Z z

Z z

Der Zauberer

Auf unserem Schulfest
ist ein Zauberer zu sehen.
Er hat einen Bart und einen schwarzen Hut.

Der Zauberer hat zwei Kugeln in einer Hand.
Über die Hand legt er ein Tuch.
Dabei ruft er: Hokus! Pokus! Verschwindikus!
Nun nimmt er das Tuch wieder weg.
Da ist eine Kugel verschwunden.

Zum Schluß nimmt der Zauberer seinen Bart
und auch den Hut ab.
Nanu, der Zauberer ist Mario aus der Klasse 6 a.

legen
er legt

rufen
er ruft

nehmen
er nimmt

verschwinden
verschwunden

zaubern
der Zauberer

J	j
J	j

Julia schreibt einen Brief

Liebe Oma Johanna!

Ich gratuliere Dir ganz lieb zum Geburtstag.
Schade, daß ich nicht mit Dir feiern kann.
Aber im Juli werde ich Dich wieder besuchen.
Ich kann schon ganz gut lesen.
Wir lernen gerade einen Buchstaben.
Den kenne ich schon.
Rate mal, warum!
Wenn ich bei Dir bin,
werde ich Dir jeden Tag etwas vorlesen.

Tschüs
Deine Julia

Julia
Juli
Jul
Ju
Jul
Juli
Julia

Julia
Juliane

Johanna	Juli	jeden Tag	lesen
Anna	Julia	jedes Jahr	vorlesen

tz
tz

Ä ä
Ä ä

Kleine Katzen

Kleine Katzen sind so drollig
und so wollig und so mollig,
daß man sie am liebsten küßt.
Aber auch die kleinen Katzen
haben Tatzen, welche kratzen.
Also Vorsicht! Daß ihr's wißt!

Kleine Katzen sind so niedlich
und so friedlich und gemütlich.
Aber schaut sie richtig an:
Jedes Sätzchen auf den Tätzchen
hilft, daß aus den süßen Kätzchen
mal ein Raubtier werden kann.

James Krüss

drollig
mollig
wollig

niedlich
friedlich
gemütlich

die Katze	die Tatze	der Satz
das Kätzchen	das Tätzchen	das Sätzchen

eu

eu

So ein Wetter

Heute ist es draußen feucht
und kalt.
Viele Leute husten und niesen.
Jeder will schnell nach Hause.
Ich habe auch schon kalte Hände.
Meine neuen Schuhe sind ganz naß,
und mein Mantel ist feucht.
Schnell laufe ich nach Hause.
Ich ziehe meine nassen Sachen aus.
Im Zimmer ist es schön warm.

neu
die neuen Schuhe

feucht
das feuchte Wetter

naß
die nassen Sachen

kalt
die kalten Hände

heute, Leute, neu

Leute	die Hände	kalt	warm	naß	schnell
heute	die Wände	alt	arm	Faß	hell

Äu äu

Äu äu

Neue Häuser

Bei uns wird viel gebaut.
Viele Leute ziehen
in die neuen Häuser ein.
Auch wir wohnen
in einem neuen Haus.
Nicht weit von unserem Haus
sind die Kaufhalle, die Schule
und ein schöner Park mit vielen Bäumen.

bauen
gebaut

das Haus
die Häuser

der Baum
die Bäume

neue Häuser, große Bäume

das Haus	die Maus	der Baum
das Häuschen	das Mäuschen	das Bäumchen

Ein schönes Buch über Tiere

Michael sucht ein schönes Buch über Tiere heraus. Alle möchten die Bilder der Tiere sehen. Die Mädchen wollen Tiere malen und ihre Namen schreiben.

wir suchen
ich suche
er sucht

sie möchten
ich möchte
du möchtest

Nun lesen sie:

Nanu, was ist ein Faultier?

Suche ihre Namen!

Hase
Esel
Löwe
Nashorn

ng *ng*

ck *ck*

Was sind das für Sachen?

Vögel, die nicht singen,
Glocken, die nicht klingen,
Kinder, die nicht lachen.
Was sind das für Sachen?

Bimbo ging über die Brücke,
da brach die Brücke in Stücke.
Doch zum Glücke
war das Wasser nicht tief
unter der Brücke.

singen	Sachen	die Brücke
klingen	machen	in Stücke
bringen	lachen	zum Glücke

st sp

st sp

Der Kaktus

Der Kaktus würde gar zu gerne
mit den kleinen Igeln
spielen und spazieren gehn.

Leider hat er keine Beine,
und so muß der arme Kleine
still in seiner Ecke stehn.

Lies, ohne zu stolpern!

Ein Student mit steifen Stiefeln
stolpert über einen spitzen Stein.

Oder lieber so?

Ein Student mit Stulpenstiefeln
stolpert über einen spitzen Stein.

Vier kleine Tierrätsel

Er kräht beim ersten Morgenlicht,
hat einen Kamm und kämmt sich nicht.

Ich möchte hören, ob ihr kennt
den Vogel, der sich selber nennt.

Was fliegt so bunt im Sonnenschein
und kehrt als Gast bei Blumen ein?

Wenn ich nur wüßte, wer das ist,
der immer mit zwei Löffeln frißt.

Kinderfest

Ein Koch tanzt mit einer Prinzessin.
Ein Prinz tanzt mit einer Zauberin.
Ein Zauberer tanzt mit einer Katze.
Ein Kater tanzt mit einer Maus.
Ein Mäuserich tanzt mit einer Indianerin.
Ein Indianer tanzt mit einer Köchin.

nk

nk

Anke hat Geburtstag

Mutti und Anke decken den Tisch.
Frank, Anja und Karin kommen mit Blumen.
Sie wünschen Anke alles Gute zum Geburtstag.
Jeder hat noch ein Geschenk für sie.
Anja schenkt ein Buch. Klaus schenkt einen Ball,
und Karin schenkt eine kleine Puppe.
Anke weiß vor Freude zuerst nicht,
was sie sagen soll.
Dann sagt sie: „Vielen Dank.“

War es wirklich so?

Frank schenkt ein Buch.
Anja schenkt eine Puppe.
Karin deckt den Tisch.
Anke schenkt einen Ball.

schenken — das Geschenk

wünschen — der Wunsch

danken — der Dank

decken — die Decke

Was Schönes zum Wegwerfen

Liebe Ulrike!

Du darfst das Paket erst aufmachen,
wenn Du erraten hast, was darin ist.
Es ist etwas Schönes zum Wegwerfen.
Es kann schwimmen,
aber es ist nicht aus Holz.
Es hat keine Beine,
aber es kann springen.
Es hat keine Flügel,
aber es fliegt gern.
Man schlägt es,
mit der Hand oder mit der Faust,
das macht ihm alles nichts aus.
Man tritt es sogar mit dem Fuß,
aber man hat es doch gern.
Weißt Du jetzt, was es ist?
Viel Spaß!

Liebe Grüße von Deiner Tante
Erna

Nach Josef Guggenmos

An welcher Stelle hast du erkannt, was es ist?

Mein Ball

Mein Ball
zeigt, was er kann,
springt hoch wie ein Mann,
dann hoch wie eine Kuh,
dann hoch wie ein Kalb,
dann hoch wie eine Maus,
dann hoch wie eine Laus,
dann ruht er sich aus.

Josef Guggenmos

Lies in der richtigen Reihenfolge!

Mein Ball springt hoch wie eine Maus
... wie eine Kuh
... wie ein Mann
... wie eine Laus
... wie ein Kalb

Pf pf

Pf pf

Wir pflegen unsere Pflanzen

In unserer Klasse stehen viele schöne Pflanzen.
Jede Woche pflegen
zwei andere Schüler die Pflanzen.
Sie haben Blumendienst.
Sie gießen die Pflanzen
und zupfen die welken Blätter ab.
Wenn wir die Pflanzen gut pflegen,
dann gedeihen sie auch.

Wie pflegen die Kinder ihre Pflanzen?

die Pflanze
wir pflanzen
ich pflanze

die Pflege
wir pflegen
ich pflege

chs

chs

Fuchs, du hast die Gans gestohlen

Fuchs, du hast die Gans gestohlen,
gib sie wieder her!
Gib sie wieder her!
Sonst wird dich der Jäger holen
mit dem Schießgewehr.

Kinderlied

Vorsicht!

Der Fuchs geht um,
der Fuchs geht um,
geht um
den heißen Brei herum.

Paul Maar

Probiere selbst!

Der Luchs geht um,
…

Der Dachs geht um,
…

Frühlingsliedchen

Singe, Vogel, singe!
Blühe, Blümchen, blühe!
Wir sind guter Dinge,
sparen keine Mühe
spät und frühe.

Johann Wolfgang Goethe

Der Frühling ist kommen

Der Frühling ist kommen!
Der Frühling ist da!
Wir freuen uns alle,
juchheirassassa!

Es singen die Vögel
von fern und von nah:
Der Frühling ist kommen!
Der Frühling ist da!

Kurz vor Ostern

Erste warme Sonne liegt
auf den grünen Hügeln.
Und ein rotes Pünktchen fliegt
hin und her, vom Wind gewiegt:
früh schon auf den Flügeln.

Liebes rotes Käferlein
mit den schwarzen Tupfen,
kommst so zeitig und allein,
noch liegt Schnee am Wiesenrain:
hol dir keinen Schnupfen.

Fred Rodrian

Das Osterei

Hei, juchhei! Kommt herbei!
Suchen wir das Osterei!
Immerfort, hier und dort
und an jedem Ort!

Ist es noch so gut versteckt,
endlich wird es doch entdeckt.
Hier ein Ei! Dort ein Ei!
Bald sind's zwei und drei.

Heinrich Hoffmann von Fallersleben

Regenlied

Der Regen putzt die Nasen blank,
er duscht die kleinen Bäume
und wäscht die alte Sommerbank.
Er trommelt auf das Schuppendach
und nachts in unsere Träume.

Sein leises Lied klingt fast vergnügt
auch noch am nächsten Tage.
Doch wenn der Regen dann genügt
und alles unter Wasser steht,
nennt man ihn eine Plage.

Gottfried Herold

Der Regen
... putzt die Nasen blank.
... duscht die kleinen Bäume.
... wäscht die alte Sommerbank.
... trommelt auf das Schuppendach.

April, April, April

April, April, April,
der weiß nicht, was er will.
Mal Regen und mal Sonnenschein,
dann schneit es wieder zwischendrein.
April, April, April,
der weiß nicht, was er will.

Es regnet

Es regnet, es regnet,
es regnet seinen Lauf.
Und wenn's genug geregnet hat,
dann hört's auch wieder auf.

Qu	qu
Qu	*qu*

Am Teich

„Quak, quak, quak!“ So rufen die Frösche im Teich.
Die Kinder gehen dicht heran.
„Sieh, Gerd, dort sitzt ein Frosch im Gras!“
Gerd will ihn greifen.
Da ruft Eva: „Laß ihn sitzen! Quäle ihn nicht!“
Der Frosch hüpft schnell fort.
Das sieht lustig aus.
Bald ruft er wieder: „Quak, quak!“

Was quakt im Teich?
Was quiekt im Stall?

Quäle nie ein Tier zum Scherz,
denn es fühlt wie du den Schmerz.

Meerschweinchen

X	x
X	x

Seit einigen Wochen haben wir
zwei Meerschweinchen, Max und Felix.
Sie vertragen sich gut.
Max und Felix fressen immer gemeinsam.
Wenn sie eine Möhre bekommen,
nagt Max an dem einen Ende und Felix am anderen.

Doch auf einmal ist alles anders.
Max jagt Felix von der Möhre weg
und treibt ihn von einer Ecke in die andere.
Das geht einige Tage so. Was ist nur los?
Felix wird immer magerer und Max immer dicker.
Wir müssen sie trennen.

Wie staunen wir aber am nächsten Morgen!
Max ist ja gar kein Max, sondern eine Maxi.
Sie ist Mutti von zwei niedlichen Meerschweinchen geworden.
Beide haben schon ein weiches Fell, offene Augen
und springen herum.

Maria Krowicki

Kleine Hexe – viele Kleckse,
quieken, quaken,
knicksen, knacksen –
alles Faxen!

Max und Moritz,
Fix und Fax,
Flax und Krümel,
Fuchs und Dachs.

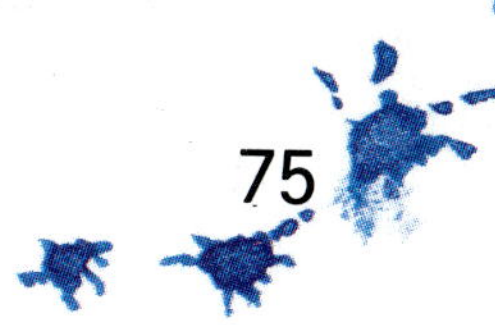

Unser Baby

Unser Baby heißt Alfred –
wir nennen es Fredi.
Seit wir Fredi haben,
ist alles ganz anders bei uns.
Früher bin ich immer
erst um sieben aufgewacht.
Jetzt weckt Fredi uns schon um fünf
oder um vier
oder mitten in der Nacht.

Mein schwarzes Puppenbaby heißt auch Alfred.
Aber ich nenne es
nicht Fredi,
sondern Ali.

Ali schreit nie
und ist überhaupt viel braver als Fredi.
Er will auch nicht
alle vier Stunden zu trinken haben,
und seine Windeln sind niemals naß.

Y	y
Y	y

Mit Fredi aber ist immerzu etwas los –
füttern und wickeln und baden
und wieder füttern und wieder wickeln.
Ich habe gar nicht gewußt,
daß ein Baby soviel Arbeit macht!

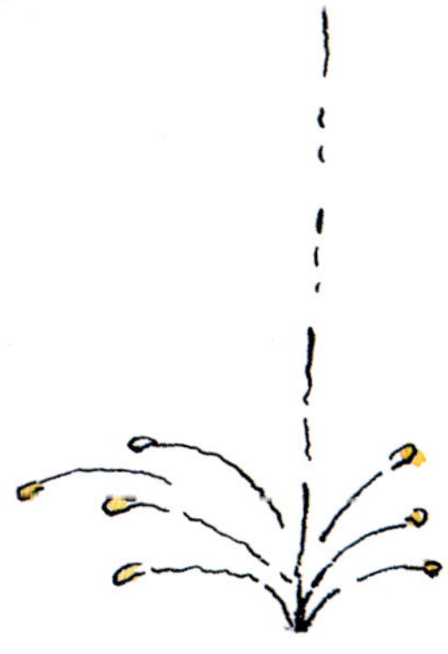

Mira Lobe

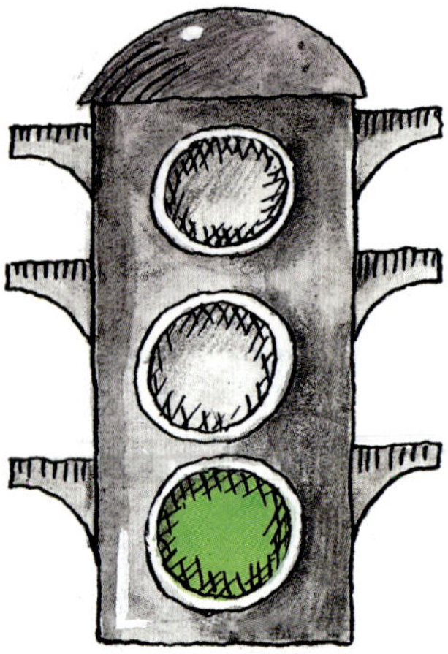

Bei ROT bleibe stehn

Wenn ich zur Schule gehe,
muß ich über eine breite Straße.
Dort fahren Autos, Busse und Motorräder.
Es gibt an dieser Straße eine Ampel.

Wenn die Ampel rot leuchtet,
denke ich an eine rote Feuerwehr
und bleibe stehen.

Wenn die Ampel grün leuchtet,
gehe ich über die Straße.

Heute ist die Ampel kaputt.
Da hat es keinen Zweck,
an die Feuerwehr zu denken.
Ich warte, bis kein Auto,
kein Bus oder kein Motorrad mehr kommt.

Peter Abraham

Die Verkehrsampel

Bei „Rot" bleibe stehn,
bei „Grün" kannst du gehn!
Bei „Rot" mußt du warten,
bei „Grün" kannst du starten.

Das merke dir gut,
und sei auf der Hut!

Hier stimmt doch etwas nicht! Ordne richtig zu!

Das Auto fährt	auf dem Wasser.
Der Zug fährt	auf dem Radweg.
Das Schiff fährt	auf der Straße.
Der Radfahrer fährt	auf den Schienen.

Mariechen

Mariechen auf der Mauer stund.
Sie hatte Angst vor einem Hund.
Der Hund hatte Angst vor der Marie,
weil sie immer so laut schrie.

Luise heulte immer gleich.
Der Gärtner grub einen kleinen Teich.
Da kamen alle Tränen hinein:
Ein Frosch schwamm drin mit kühlem Bein.

Bertolt Brecht

Kannst du es schon?

Mariechen auf der Mauer …
Sie hatte Angst vor …
Der Hund hatte …,
weil sie immer …

Eine lustige Woche

Guten Tag, Herr Montag!
Wie geht es Frau Dienstag?
Ist der Herr Mittwoch zu Haus?
Sagen Sie der Frau Donnerstag:
Der Herr Freitag
geht mit der Frau Samstag
am Sonntag aus.

Lies die Tage in der richtigen Reihenfolge!

Montag
Mittwoch
Sonntag
Dienstag

Samstag
Donnerstag
Freitag

Wo manche Wörter wohnen

Das Wort
aus
wohnt in einem Haus,
in der Pause,
in der Maus
und auch in der Laus.

Das Wort
und
wohnt in einem Hund,
in der Stunde
und auch im Schlüsselbunde.

Das Wort
ein
wohnt im Schwein,
im Bein,
im Wein
und auch im Mondenschein.

Und wo wohnt das Wort ich?

ein kleines Haus
ein Häuschen

eine kleine Maus
ein Mäuschen

ein kleiner Hund
ein Hündchen

ein kleines Schwein
ein Schweinchen

Wenn das M nicht wär' erfunden

Wenn das **M** nicht wär' erfunden,
Wäre manches schief und krumm.
Denn dann hießen **M**ax und **M**oritz
Ax und Oritz. Das wär' dumm.

Wenn das **M** nicht wär' erfunden,
Wäre mancher übel dran.
Maxi**m**ilian, der hieße
Plötzlich Axi ilian.

Wenn das **M** nicht wär' erfunden,
Wär' das ABC nicht voll.
Jede **M**a**m**a hieße a-a.
Und das wäre gar zu toll.

Doch zum Glück ist es erfunden.
Das ist nützlich! Das ist fein!
Denn nun können kleine Kinder
Mutti oder **M**a**m**i schrei'n.

James Krüss

Segelbootpartie

Igels machen sonntags früh
eine Segelbootpartie.
Und die Kleinen jauchzen froh,
denn das Boot, das schaukelt so.
„Fallt nicht raus“, ruft Mutter Igel,
„denn ihr habt doch keine Flügel.
Wenn ihr dann ins Wasser fallt,
hu, da ist es naß und kalt.“

Erich Weinert

Was paßt hier hinein?

Und die Kleinen ... froh,
denn das Boot, das schaukelt so.
(lachen, weinen, jauchzen)

Warum das Schwein einen Ringelschwanz hat

Es ist schon lange, lange her;
wie lange, weiß kein Ferkel mehr,
da gab es einen Ferkeljungen,
der ist nie durch das Stroh gesprungen,
der hat nur immer dagegluckt,
geträumt und in den Mond geguckt,
hat duselig sein Lied gesungen
und seinen Schwanz ums Bein geschlungen.
Dabei zerknautschte er ihn ganz.
Drum hat das Schwein den Ringelschwanz.

Werner Lindemann

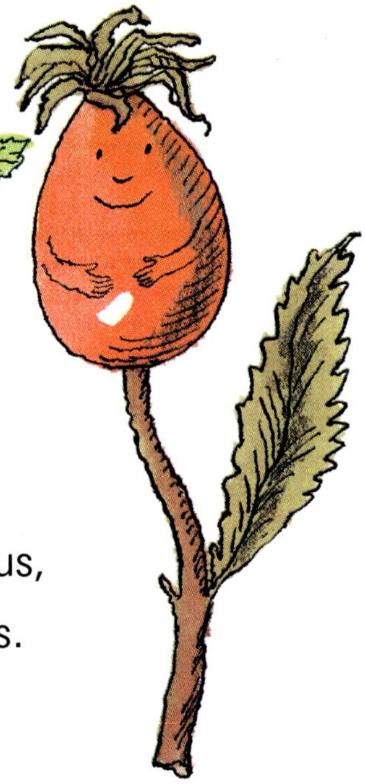

Vier kleine Pflanzenrätsel

Bin rund und süß, seh' schwarzblau aus,
mich schützt mein dichtes Dornenhaus.

Ein Körbchen halt für mich bereit,
pflück mich zur schönen Sommerzeit.

Du naschst mich gern, bin blau und rund,
verberge mich am Waldesgrund.

Braunes Käppchen, roter Bauch,
Vorsicht, Stacheln hab' ich auch.

die Brombeere
die Erdbeere

die Heidelbeere
die Hagebutte

Weißt du es?

Sie steht oben auf dem Dache
wie ein Storch auf einem Bein.
Soll der Sandmann zu dir kommen,
muß sie angeschlossen sein.

Als man es erfunden hatte –
ohne Klingel, Bremse, Licht –
war es noch aus Holz und Eisen,
und die Reifen platzten nicht.

Sie steht an der Straßenkreuzung,
hat drei Augen im Gesicht,
jeder muß sich nach ihr richten,
nur das Flugzeug braucht sie nicht.

Sie hat Tasten und auch Schalter
wie ein kleines Radio,
macht Musik mit einer Trommel,
steht im Bad und anderswo.

die Antenne
das Fahrrad

die Verkehrsampel
die Waschmaschine

Abzählreime

Ene, mene, mei,
du bist frei.

Reime, reime, Rätsel,
wer backt Brezel?
Wer backt Kuchen?
Der muß suchen.

Eins, zwei, drei, vier, fünf,
strick mir ein Paar Strümpf,
nicht zu groß und nicht zu klein,
sonst mußt du der Haschmann sein.

Eins, zwei, drei, vier, fünf, sechs, sieben,
meine Mutter, die kocht Rüben,
meine Mutter schneidet Speck,
eins, zwei, drei, und du bist weg.

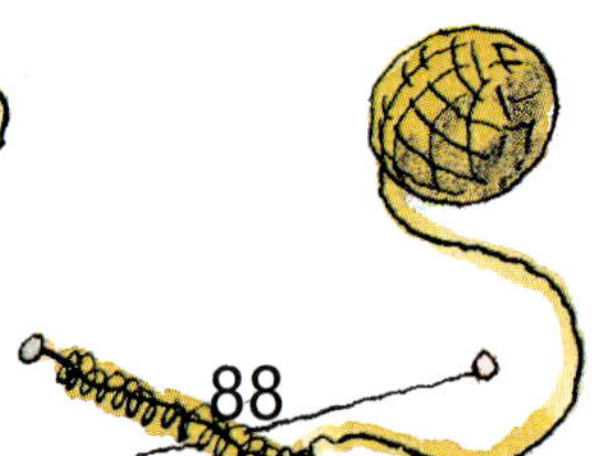

Abzählreime

Ene, mene, Muh,
und raus bist du.

Ich und du,
Müllers Kuh,
Müllers Esel,
der bist du.

Eins, zwei, drei, vier,
die Maus sitzt am Klavier,
am Klavier sitzt die Maus,
und du bist raus.

Eins, zwei, drei, vier, fünf, sechs, sieben,
eine Bauersfrau kocht Rüben,
eine Bauersfrau kocht Speck,
und du bist weg.

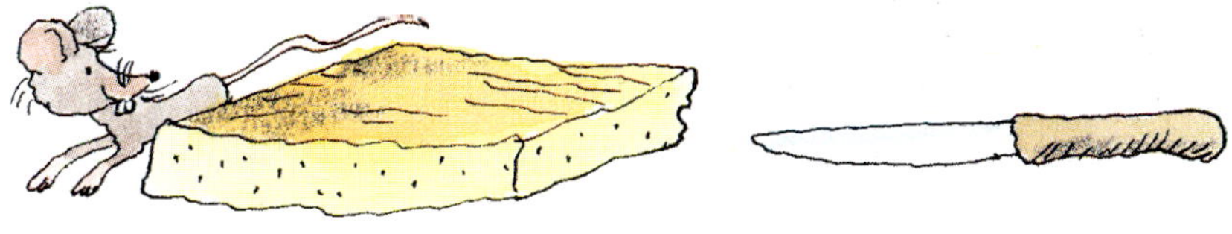

Bei Tag und bei Nacht auf Jagd

Spitzmäuse fressen täglich so viel,
wie sie selbst wiegen:
Käfer, Fliegen, Würmer, Schnecken und Raupen.
Deshalb müssen sie mit ihren Jungen
bei Tag und bei Nacht
auf die Jagd gehen.

Wenn sie in Gefahr sind,
hängen sie sich aneinander.
Wie eine Kette,
ganz vorn die Mutter.
So kann auf der Flucht kein Junges verlorengehen.

Spitzmäuse stehen unter Naturschutz.

Die Kohlmeise

Die Kohlmeise hat einen schwarzen Kopf
mit weißen Wangenflecken.
Der Bauch der Kohlmeise ist gelb.
Sie ist etwas kleiner als der Sperling.
Die Kohlmeise frißt Käfer und Raupen.
Darunter sind viele Schädlinge.
Ihr Nest baut die Kohlmeise
in Baumhöhlen, Mauerlöchern und Nistkästen,
manchmal sogar in Briefkästen.

Hartmut Giest

Weshalb schützen wir die Kohlmeisen?

die Höhle	das Loch	der Kasten
die Höhlen	die Löcher	die Kästen
die Baumhöhlen	die Mauerlöcher	die Nistkästen

Was wünschen die Kinder der Erde?

Manches wünscht sich eine Puppe.
Manches eine Eisenbahn.
Manches dicke Nudelsuppe.
Manches einen Ruderkahn.

Viele aber hört man weinen.
Viele aber sind in Not:
Und es wünschen diese Kleinen
weiter nichts als etwas Brot.

Denken wir, mit vollem Bauch,
an die armen Kinder auch?

James Krüss

Nur eine Schnitte Brot?

Karin hat unter ihrer Bank eine Schnitte liegenlassen.
Maria sagt: „Schade um das Brot."
Karin meint: „Ach, es ist ja nur eine Schnitte.
Ich werfe sie weg."
„Nein", sagt Andrea, „wirf sie nicht weg!
Nimm die Schnitte wieder mit nach Hause!"

Man darf Brot nicht umkommen lassen,
denn viele Menschen müssen arbeiten,
damit wir alle Tage unser Brot haben.

Welche Meinung hast du?

Maria sagt: „Es ist schade um das Brot."
Karin meint: „Ach, es ist ja nur eine Schnitte.
Die kann man wegwerfen."
Andrea sagt: „Nimm die Schnitte mit nach Hause!"

Sven und Michael

Montag morgen.
Sven und sein Bruder Michael ziehen sich an.
Ihre Taschen sind schon gepackt.
Michael geht in die Schule.
Sven kann nicht gehen.
Er fährt mit dem Rollstuhl.

Sven und Michael spielen auf dem Hof.
Sie machen ein Wettspiel.
Michael läuft und läuft.
Sven rollt und rollt.
Wer ist wohl schneller?

Neues vom Franz

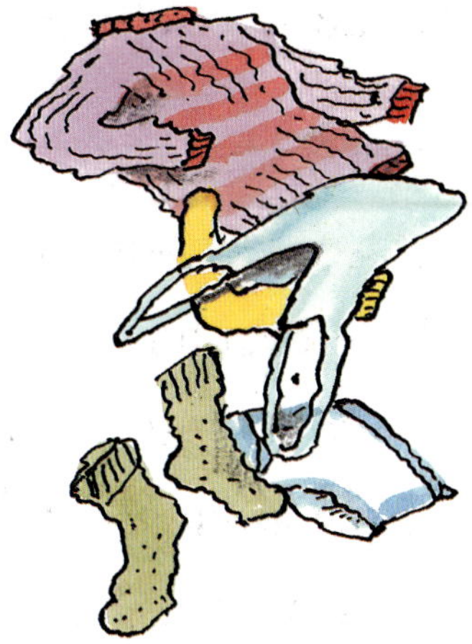

Einmal, an einem Samstag,
ging es dem Franz sehr schlecht.
Gleich am Morgen, beim Aufstehen,
fing der Ärger an.

Der Franz wollte die rote Latzhose anziehen.
Aber die rote Latzhose war verschwunden.
Im Schrank war sie nicht,
in der Schmutzwäsche war sie nicht,
in der Waschmaschine war sie nicht.

„Mama, meine rote Hose ist weg“,
rief der Franz ganz aufgeregt.
Doch die Mama nickte bloß und sagte:
„Ja! Ich hab sie dem Stefan geschenkt.
Sie war dir schon knapp um den Bauch!“

Da fing der Franz zu toben an.
Die Mama konnte doch nicht einfach
seine einzige, echte Lieblingshose verschenken!

Christine Nöstlinger

Was würdest du sagen, wenn du der Franz wärst?

Wie Puh den Schatten erklärt

Der kleine Drache auf seinem Baum
schüttelte den Kopf.
Der Schatten des Baumes bewegte sich hin und her.

Das macht der Wind, dachte Puh.
Der Wind macht die Schatten.

Dann war plötzlich der Schatten fort.

Aber der Wind blies immer noch.

Aus: Augenreise I

Schattenspiele

Schattenspiele mit der Hand
kann jeder machen.
Vielleicht hast du es
auch schon einmal probiert.
Am leichtesten lassen sich
bekannte Tiere darstellen.
Du kannst dazu sogar
Geschichten erzählen.

Da fehlt etwas

Abends schleicht auf leiser Tatze
zu dem Kirschbaum Nachbars …

Klettert flink hinauf bis fast
auf den allerhöchsten …

Denn bekanntlich fressen Katzen
außer Mäusen auch gern Sp …

Vater Spatz piepst laut im Dustern
und beginnt sich aufzupl …

Augen glühen, Krallen wetzen,
Vater Spatz hört's mit Ents …

Doch die Spätzin (woll'n wir wetten?)
wird schon ihre Kinder r …

Kämpft so lange um ihr Nest,
bis die Katz den Baum verlä …

Mira Lobe

Kleine Zeichenverse

Die Miezekatze

Punkt, Punkt, Komma, Strich,
fertig ist das Mondgesicht.
Und zwei spitze Ohren,
so wird sie geboren.
Ritze-Ratze, Ritze-Ratze,
fertig ist die Miezekatze!

Der Stoffel

Punkt, Punkt, Komma, Strich,
fertig ist das Mondgesicht.
Ein Kloß
und 'ne Kartoffel,
fertig ist mein lieber Stoffel.

Zeichne ohne abzusetzen!

Das ist das Haus
von Katz und Maus.

Oder kennst du es so?

Das ist das Haus
vom Nikolaus.

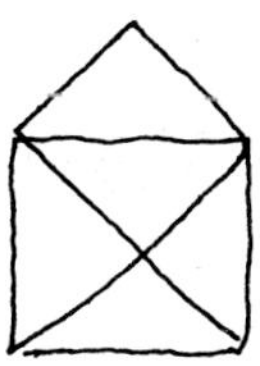

In die dicke runde Sechs
schreib die Zwei hinein.
Schwänzchen, Schnabel, Auge noch,
sag', was mag das sein?

Rabulan, der Riese

Rabulan, der Riese,
ißt so gerne Gemüse.

Er sagt: „Gemüse ist gesund!“
und verzehrt aus diesem Grund

täglich einen Haselstrauch
und ein Fuder Rüben auch,

einen Kürbis obendrein;
denn er will bei Kräften sein.

Bei Ferdinand und Lieschen
tun’s Äpfel, Salat und Radieschen!

Josef Guggenmos

Vom Riesen Timpetu

Pst! Ich weiß was. Hört mal zu:
War einst ein Riese Timpetu.
Der arme Bursche hat – o Graus –
im Schlafe nachts verschluckt
'ne Maus.
Er lief zum Doktor Isegrim:
„Ach, Doktor, mir geht's heute schlimm.
Ich hab im Schlaf 'ne Maus verschluckt,
die sitzt im Leib und kneipt und druckt."
Der Doktor war ein kluger Mann,
man sah's ihm an der Brille an.
Er hat ihm in den Hals geguckt:
„Wie? Was, 'ne Maus habt Ihr verschluckt?
Verschluckt 'ne Miezekatz dazu,
so läßt die Maus Euch gleich in Ruh!"

Alwin Freudenberg

Der süße Brei

Es war einmal ein armes, braves Mädchen,
das lebte mit seiner Mutter allein,
und sie hatten nichts mehr zu essen.
Da ging das Kind hinaus in den Wald,
und da begegnete ihm eine alte Frau.
Die wußte seinen Jammer schon
und schenkte ihm ein Töpfchen,
zu dem sollte es sagen: „Töpfchen koche“,
so kochte es guten, süßen Hirsebrei,
und wenn es sagte: „Töpfchen steh“,
so hörte es wieder auf zu kochen.
Das Mädchen brachte den Topf
seiner Mutter heim.
Und nun waren sie ihrer Armut
und ihres Hungers ledig
und aßen süßen Brei,
sooft sie wollten.
Auf eine Zeit war das Mädchen ausgegangen,
da sprach die Mutter: „Töpfchen koche“,

da kochte es, und sie ißt sich satt.
Nun will sie, daß das Töpfchen
wieder aufhören soll,
aber sie weiß das Wort nicht.
Also kocht es fort,
und der Brei steigt über den Rand hinaus
und kocht immerzu,
die Küche und das ganze Haus voll
und das zweite Haus
und dann die Straße,
als wollt's die ganze Welt satt machen,
und ist die größte Not,
und kein Mensch weiß sich da zu helfen.
Endlich,
wie nur noch ein einziges Haus übrig ist,
da kommt das Kind heim
und spricht nur: „Töpfchen steh",
da steht es und hört auf zu kochen;
und wer wieder in die Stadt wollte,
der mußte sich durchessen.

Brüder Grimm

Schlaraffenland

Ganz weit von hier, drei Meilen hinter Weihnachten,
liegt ein Land, das heißt Schlaraffenland.
Will einer ins Schlaraffenland hinein,
so muß er sich durch einen hohen Berg von Kuchen essen.
Der ist drei Meilen dick.

Hat er sich hindurchgegessen,
dann sieht er drollige Häuser.
Sie sind mit Eierkuchen gedeckt.
Die Haustüren und die Fensterläden sind aus Pfefferkuchen.
Dielen und Wände sind aus Streuselkuchen
und die Balken aus mächtigen Schweinebraten.
Und um jedes Haus ist ein Zaun aus braunen Bratwürsten geflochten.
An den Weidenbäumen hängen frische Semmeln.
Darunter fließt ein Bach mit süßer Milch.
Die Semmeln fallen in den Bach,
und jeder kann essen, soviel er mag.

In der Luft fliegen gebratene Hühner, Gänse und Tauben umher.
Wer Hunger hat, sperrt nur den Mund recht weit auf,
und sie fliegen hinein.
Große und kleine Schweine laufen auf den Straßen hin und her.
Sie sind schön gebraten und haben ein Messer im Rücken.
Hat einer Appetit auf Schweinebraten,
so schneidet er sich ein Stück von einem Schwein ab
und steckt das Messer wieder in den Rücken.

Aber niemand arbeitet im Schlaraffenland.
Die Kinder lernen auch nicht.
Alle wollen nur essen und schlafen.
Wer recht faul ist, wird am meisten gelobt.
Und der Faulste wird König im Schlaraffenland.
Alle faulen Leute träumen von diesem Land.
Doch die Fleißigen und Klugen fragen:
„Woher soll das alles kommen, wenn keiner arbeitet?"

Das Hühnchen, die Maus und das Birkhuhn

Es waren einmal ein Hühnchen, eine Maus und ein Birkhuhn.
Das Hühnchen fand ein Gerstenkorn und gackerte freudig:
„Hab' ein Korn gefunden, hab' ein Korn gefunden! Man muß es mahlen!
Wer wird das Korn in die Mühle tragen?"

„Ich nicht", sagte die Maus.
„Ich nicht", sagte das Birkhuhn.
Da war nichts zu machen. Das Hühnchen nahm das Korn
und trug es selbst in die Mühle.
Dort wurde es gemahlen.
„Wer wird den Teig kneten?" fragte das Hühnchen.
„Ich nicht", sagte die Maus.
„Ich nicht", sagte das Birkhuhn.
Da knetete das Hühnchen den Teig.

„Wer wird den Ofen heizen?“ fragte das Hühnchen.
„Ich nicht“, sagte die Maus.
„Ich nicht“, sagte das Birkhuhn.
Da heizte das Hühnchen den Ofen.
„Wer wird das Brot in den Ofen schieben?“ fragte das Hühnchen.
„Ich nicht“, sagte die Maus.
„Ich nicht“, sagte das Birkhuhn.
Da mußte das Hühnchen es selbst hineinschieben.
Das Brot wurde groß und knusprig. Das Hühnchen legte es auf den Tisch und fragte: „Und wer wird das Brot essen?“
„Ich“, sagte die Maus und setzte sich an den Tisch.
„Und ich“, sagte das Birkhuhn und setzte sich auch.

Russisches Märchen

Ein alter Mann pflanzte kleine Apfelbäume

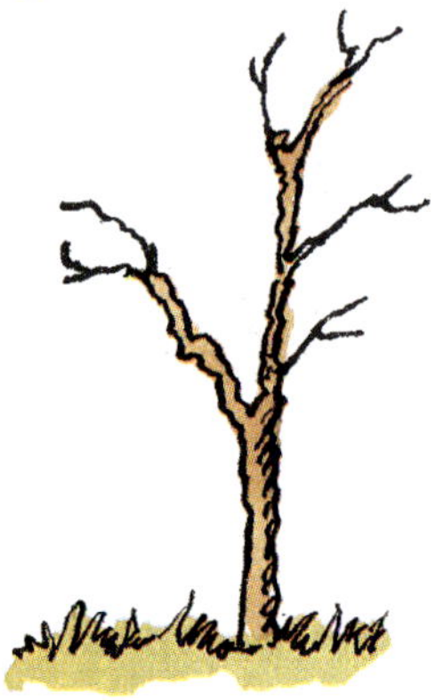

Ein alter Mann pflanzte kleine Apfelbäume.
Da lachten die Leute und fragten ihn:
„Warum pflanzt du diese Bäume?
Viele Jahre werden vergehen,
bis sie Früchte tragen,
und du selbst wirst von diesen Bäumen
keine Äpfel mehr essen können."
Da antwortete der Alte:
„Ich selbst werde keine ernten.
Aber wenn nach vielen Jahren
andere die Äpfel von diesen Bäumen essen,
werden sie mir dankbar sein."

Leo Tolstoi

Was ist richtig?

Der alte Mann denkt nur an sich selbst.

Der alte Mann denkt auch an andere.

Die Großmutter und die Enkelin

Es war einmal eine Großmutter mit ihrer Enkelin.
Als das Enkelchen noch klein war, schlief es fast immer,
und die Großmutter buk das Brot und fegte die Hütte rein.
Sie wusch, nähte, spann und webte für das Enkelkind.
Nach vielen Jahren, als die Großmutter alt geworden war,
konnte sie nicht mehr arbeiten, sondern sie legte sich
auf den Ofenplatz und schlief sehr viel.
Die Enkelin aber buk das Brot, wusch, nähte, spann und webte
für die Großmutter.

Leo Tolstoi

Ordne richtig zu!

Sie buk das Brot.	waschen
Sie fegte die Hütte rein.	backen
Sie wusch das Hemd.	weben
Sie nähte das Kleid.	spinnen
Sie spann das Garn.	fegen
Sie webte den Rock.	nähen

Was Tiere können

Viele Tiere
können springen,

andre möchten
lieber singen.

Manche wollen
ganz gern fliegen,

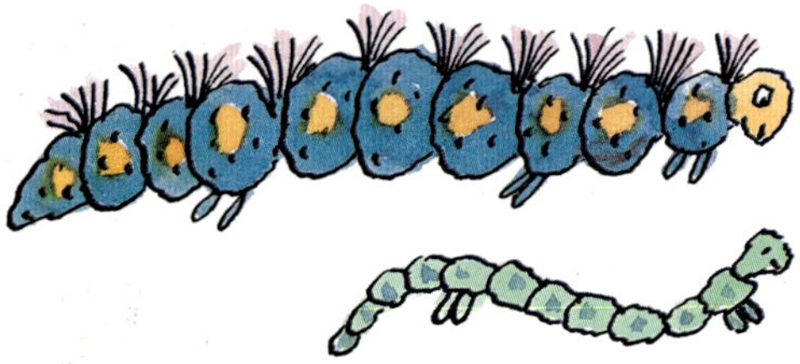

andre bleiben
besser liegen.

Dann gibt's welche,
die gut tauchen,

und auch welche,
die laut fauchen.

Manche können
sehr schlecht sehn,

andre dafür
richtig gehn.

Detlef Kersten

Kuddelmuddel

Der Hund kräht fröhlich: „Guten Morgen!“
Die Henne trillert ohne Sorgen.
Die Lerche schnattert auf dem Feld.
Es grunzt der Hahn. Die Ente bellt.
Die Schwalbe wiehert unterm Dach.
Laut zwitschernd wird das Pferdchen wach.
Die Kuh schlägt froh in ihrem Stall.
Im Walde brüllt die Nachtigall.
Vergnüglich gackert jetzt das Schwein.
Wer’s besser weiß, bring Ordnung drein!

Gustav Falke

Bring Ordnung drein!

Der … kräht fröhlich: „Guten Morgen!“
Die … trillert ohne Sorgen.
Die … schnattert auf dem Feld.
Es grunzt das …
Der …, der bellt.

Der Rat eines Wolfes

Der Wolf sprach eines Tages zum Igel:
„Höre zu, Igel, im Wald ist ein Frisör.
Gehe hin und laß dir deine Stacheln scheren!
Du siehst doch so nicht schön aus."

„Tatsächlich", stimmte der Fuchs zu, „ich würde mir
an deiner Stelle die Stacheln unbedingt abschneiden lassen."

„An meiner Stelle?" lachte der Igel auf.
„Hätte ich mir die Stacheln abschneiden lassen,
wäre ich schon längst nicht mehr am Leben.
Ihr hättet mich längst aufgefressen."

Warum spricht der Fuchs so?

„Ich würde mir
an deiner Stelle
die Stacheln
unbedingt
abschneiden lassen."

Warum spricht der Fuchs nicht so?

„Ich würde mir
an deiner Stelle
die Stacheln
abschneiden lassen."

Der gierige Wolf

Ein Wolf schleppte sich hungrig durch den Wald.
Hoffentlich finde ich bald etwas zu fressen, dachte er
und blickte mit grimmigen Augen um sich.

Da kam eine fette Ziege des Weges. Der Wolf sprach:
„Ich muß dich fressen, sonst falle ich um vor Hunger."

„Wenn es sein muß, so friß mich", antwortete die Ziege.
„Doch wie wäre es, wenn ich dir auch noch mein Zicklein bringe?"

Der gierige Wolf war einverstanden. Die schlaue Ziege aber
machte sich aus dem Staube.

Werner Lindemann

Was ist richtig?

Der Wolf war
... ein fetter Wolf
... ein netter Wolf
... ein gieriger Wolf

Die Ziege war
... eine lustige Ziege
... eine schlaue Ziege
... eine dumme Ziege

Die beiden Ziegen

Zwei Ziegen begegneten einander auf einem schmalen Steg,
der über einen tiefen Fluß führte.
Die eine wollte hinüber, die andere herüber.
„Geh mir aus dem Weg!" sagte die eine.
Die andere aber rief: „Das wäre mir schön!
Ich war zuerst auf der Brücke.
Geh du zurück und laß mich hinüber!"
„Ich will nicht", sagte die erste, „ich habe hier so viel Recht wie du."

So wechselten sie noch viele Worte miteinander.
Keine wollte nachgeben. Sie zankten sich immer mehr,
und schließlich kam es zum Kampf zwischen beiden.
Sie senkten ihre Hörner, rannten zornig aufeinander los
und stießen heftig zusammen. Dabei fielen beide
von der schmalen Brücke in das tiefe Wasser hinein.

K. D. Uschinski

Was sagten die beiden Ziegen?

1. Ziege: „Geh mir aus dem Weg!"
2. Ziege: „Das wäre mir schön!
Ich war zuerst auf der Brücke.
Geh du zurück und laß mich hinüber!"
1. Ziege: „Ich will nicht,
ich habe hier so viel Recht wie du."
2. Ziege: „..."
1. Ziege: „..."

Vom Krebs und der Krähe

Eine Krähe flog einmal über den See
und fing sich einen Krebs.
Sie nahm ihn in den Schnabel,
um ihn später im Wald zu fressen.
Der Krebs aber wollte nicht gefressen werden.
Wie könnte er der Krähe entwischen?

Er sagte: „Du, Krähe, ich habe deinen Vater und deine Mutter noch gekannt. Das waren gute und kluge Leute."
„Hm", meinte die Krähe, aber sie öffnete den Schnabel nicht.

„Auch deine Brüder habe ich gekannt",
fuhr der Krebs fort. „Das waren kluge Leute."
„Hm", meinte die Krähe wieder, paßte auf
und öffnete ihren Schnabel nicht.

Nun sagte der Krebs: „Aber auf der ganzen weiten Welt kenne ich niemanden, der so gut und so klug ist wie du!"
„Ja, wirklich?" rief die Krähe stolz. Dabei öffnete sie den Schnabel, und der Krebs fiel glücklich ins Wasser.

Bestimme die richtige Reihenfolge!

Die Krähe	flog einmal über den See.
...	nahm ihn in den Schnabel.
...	fing sich einen Krebs.
...	öffnete den Schnabel.
...	öffnete den Schnabel nicht.

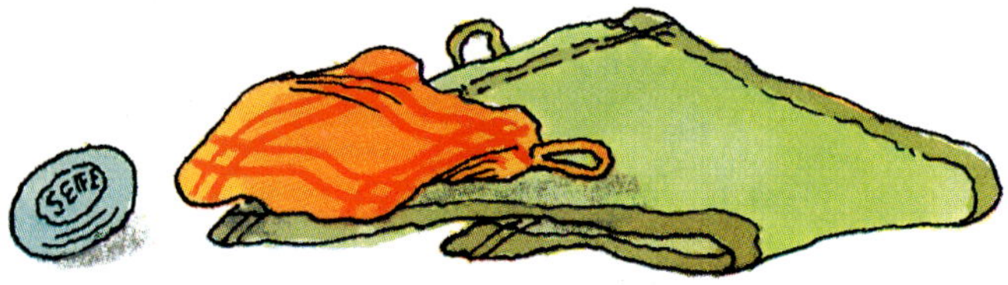

Gleich heute abend

Ich wasch mir nicht den Hals,
nicht gerne jedenfalls.
Und meine Fingernägel
sehn aus wie schwarze Segel.

Ich putz mir nicht die Zähne.
Ich wasch mir nicht die Beene.
Ich bin so gerne frech
und räume nie was wech.

Doch in zwanzig Jahren bin ich ein Mann,
der was weiß
und was kann.
Oder lauf ich als Mann noch schmutzig
herum
und bin dumm?
Nein, liebe Leute, keinesfalls!
Ich wasch mir gleich heute abend den Hals.

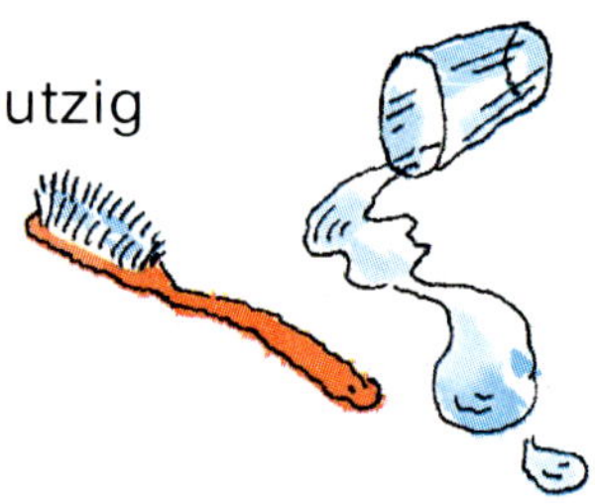

Fred Rodrian

Was stimmt hier nicht?

Nein, liebe Kinder, keinesfalls!
Ich wasch mir bald einmal den Hals.

Warum ist der Wecker stehengeblieben?

„Was ist denn mit unserem Wecker geschehn?
Er will nicht mehr ticken, er blieb plötzlich stehn.
Was mag ihm nur fehlen? Marina, ich glaub',
zum Uhrmacher muß er, er sitzt voller Staub."

„Nein, Mutter, das stimmt nicht, das kann gar nicht sein!
Wie käme so schnell wieder Staub da hinein?
Ich hab' ihn ja gestern erst abends um acht
mit Seife gewaschen und sauber gemacht."

Was kann das sein?

Mach's auf, schau hinein!
Und schon geht es auf seine Weise
mit dir auf eine große Reise,
führt dich in fernste Fernen,
vielleicht bis zu den Sternen
oder in die Märchenwelt.
Und wenn es dir dort nicht gefällt,
dann mach eine Pause.
Schlag's zu! – Und im Nu
bist du wieder zu Hause.

Elfriede Bergemann

Wohin gehst du, Mutti?

An diesem Abend
gab es keine Gute-Nacht-Geschichte für Diana.
Mutti sagte: „Ich muß noch einmal aus dem Haus."
Diana fragte: „Wohin gehst du, Mutti?"
Die Mutter erklärte ihr: „Ich muß noch einmal
in die Schule. Dort treffen sich die Eltern.
Morgen früh erzähle ich dir,
worüber wir gesprochen haben. – Einverstanden?"
Diana nickte und gab der Mutti einen Kuß.

Am anderen Morgen war Diana gespannt:
„Worüber habt ihr denn gestern abend gesprochen?"
Mutti lächelte: „Wir Eltern haben vorgeschlagen,
mit den Kindern der Klasse
in eine Jugendherberge zu fahren."
Diana strahlte und umarmte ihre Mutti.
Die ausgefallene Gute-Nacht-Geschichte war vergessen.

Petra Druschky

Was fragte Diana die Mutti am Abend?
Was erzählte die Mutti Diana am anderen Morgen?

Ich bin nicht allein

Wir sind gut in der Jugendherberge angekommen.
Alle waren sehr aufgeregt,
denn es ist unsere erste gemeinsame Reise.

Zuerst packten wir unsere Sachen aus.
Dann bezogen wir die Betten.
Robert half mir dabei,
denn er war als erster damit fertig.

Abends konnten wir lange nicht einschlafen,
weil wir noch Gespenstergeschichten erzählt haben.

Nach dem Frühstück haben wir Fußball gespielt.
Es gefällt mir hier gut.
Ich bin nicht allein.

Unsere schöne Heimat

In unserem Heimatland gibt es viel zu sehen:
alte und neue Städte und Dörfer,
Wälder, Felder, Berge, Flüsse und Seen.
Was kennst du schon von unserer Heimat?

Liebe Oma! Lieber Opa!
Hier ist es schön. Ich habe schon
einen Freund. Er heißt Paul.
Wir baden viel.
Heute haben wir eine Burg gebaut.
Ich habe auch viele Muscheln gesammelt.
Viele Grüße
Euer Sebastian
FEHMARN
RÜGEN
OSTSEE
ROSTOCK
HEIDE
BERLIN
SPREEWALD
DRESDEN
WARTBURG
SÄCHSISCHE SCHWEIZ
MÜNCHEN
CHIEMSEE

Wie die Kinder in anderen Ländern gerufen werden

Den Kindern der Welt

Wir haben uns alle
im Kreis aufgestellt
und singen ein Lied
für die Kinder der Welt.

Wir lieben die Sonne,
die Blumen, den Wind
und möchten, daß alle
so froh wie wir sind.

Wie wohnen die Kinder der Erde?

Manches Kind wohnt auf dem Lande.
Manches wohnt im zehnten Stock.
Manches Kind wohnt nah beim Strande.
Manches wohnt im Neubaublock.

Manches wohnt in einem Walde.
Manches wohnt am Wüstenrand.
Manches bei der Abfallhalde.
Manches vor der Bergeswand.

Manches wohnt in einer Kammer.
Manches wohnt in einem Schloß.
Manches wohnt in Not und Jammer.
Manches froh und sorgenlos.

Aber kommst du mich nun fragen,
wo die beste Wohnung ist,
kann ich's mit vier Wörtern sagen:
Wo
du
glücklich
bist.

James Krüss

Bimmi

Bis zum vorigen Dienstag wohnte Bimmi in einem Haus mit drei Stockwerken.
Ihre liebste Freundin wohnte gleich nebenan im Nachbarhaus.
Aber am vorigen Dienstag zog Bimmi mit ihren Eltern um.
Jetzt wohnt sie in einer anderen Stadt in einem Hochhaus mit 24 Stockwerken in der Wohnung mit der Nummer 06.17, Aufgang M.
Bimmi hat nun ein eigenes Zimmer, aber keine Freundin in der Nähe.
So viele Kinder im Haus, aber sie kennt kein einziges.
So viele Kinder in der neuen Klasse, aber…

Helga Schubert

Das Zuckerfest

Mein Freund Kemal
hat mich zum Zuckerfest eingeladen.
Das ist ein türkisches Fest,
bei dem viel gegessen und getrunken wird.
Auf dem Tisch stehen lauter süße Sachen.
Die ganze Familie feiert:
Vater und Mutter,
Bruder und Schwester,
Oma und Opa,
Onkel und Tante.

Welche Feste feiert ihr?

Was ich geträumt habe

Heute nacht habe ich aber was Dummes geträumt.
Ich ging im Hemd zur Schule.
Da liefen die Kinder hinter mir her.
Sie zeigten mit dem Finger auf mich
und lachten mich aus.
Auch die anderen Leute
drehten sich nach mir um und lachten.
Da schämte ich mich und fing an zu weinen.

Auf einmal wurde es ganz hell um mich.
Ich war gar nicht auf der Straße.
Ich lag zu Hause in meinem Bett.
Mutti streichelte mich und fragte:
„Warum weinst du denn?"
„Ach, ich habe was ganz Dummes geträumt."

Wo ist Kater Ferdinand?

Eines Tages ist Ferdinand verschwunden.
Er liegt nicht auf dem blauen Stuhl.
Er liegt nicht unter dem Sofa.
Im Puppenwagen liegt er auch nicht.
Marie sucht und sucht
in der ganzen Wohnung.
Sie schaut unter die Betten.
Sie schaut in die Schränke.
Sie ruft ihn und ruft ihn.
Aber er kommt nicht.
Marie klingelt an allen Türen im Haus
und fragt nach Ferdinand.
Sie fragt auch die Leute
in den anderen Häusern.
An diesem Abend weint Marie sehr.

Nach Eleonore Schmid

Ein bißchen Angst

Ilka hat Angst vor Hunden.
Vor kleinen wie großen,
vor schwarzen und gelben,
vor solchen mit Schlappohren
oder mit Stummelschwänzchen.
Sieht sie nur einen Hund von weitem,
bekommt sie einen fürchterlichen Schreck.

Ilka hat nicht bloß
vor Hunden Angst,
sie fürchtet sich vor vielem:

Wenn der Wind die Äste des Baumes
ans Fenster drückt, und die
kratzen dann an den Scheiben.

Sie hat Angst,
am alten Haus vorbeizugehen,
Fenster und Haustür sind zugenagelt.
Es soll abgerissen werden.

Oder es knarrt oder brummt
irgendwo in der Wohnung,
und ist sie allein,
wird sie blaß vor Schreck
und steht ganz starr.
Ihre Hände werden feucht.
Sie kann sich nicht bewegen,
als seien ihre Beine
aus schwerem Eisen.

Sie würde gern ihre Angst zugeben,
aber dann lachen
die anderen bestimmt.
Die haben nämlich keine Angst.

Gerhard Holtz-Baumert

Manchmal wär ich gern ...

Manchmal wär ich gern
ein Erfinder.
Ich erfinde dann wichtige Sachen
gegen den Krieg
und gegen den Hunger
und gegen Krankheiten.
Aber ich erfinde auch lustige Dinge
für mich selbst:
Im Sommer baue ich
eine automatische Eimerdusche
zur Abkühlung.
Wenn es heiß wird,
zieh ich einfach an der Schnur.

Manchmal wär ich gern
ein Astronaut.
Ich lande mit meiner Rakete
auf einem fremden Planeten.
Wenn ich den Kindern dort erzähle,
daß wir auf der Erde
in die Schule gehen und jeden Tag
Hausaufgaben machen müssen,
lachen sie sich schief.
Ich bleibe sehr lange
auf dem Planeten.
Mindestens bis zu den großen Ferien.

Erhard Dietl

Manchmal wünsche ich mir …

Manchmal wünsche ich mir,
ich wäre so groß wie Markus,
ich könnte so weit springen wie Anna,
ich könnte so schnell rennen wie Florian,
ich könnte so gut klettern wie Bert,
ich könnte so gut lesen wie Anke,
ich könnte so gut Flöte spielen wie Sebastian,
ich könnte so gut zeichnen wie Tina …

Aber so schnell rechnen wie ich
kann keiner.

Komm mit durchs Jahr!

Die vier Jahreszeiten

Es war eine Mutter,
die hatte vier Kinder:
den Frühling, den Sommer,
den Herbst und den Winter.

Der Frühling bringt Blumen,
der Sommer bringt Klee,
der Herbst bringt uns Trauben,
der Winter den Schnee.

Die Kastanie

Stacheln hab' ich wie ein Igel.
Ei, sieht das nicht lustig aus?
Purzel ich vom Baum herunter,
springt ein braunes Männlein 'raus.

Elsbeth Friemert

Im Herbst

Udo und Dana sammeln .
Ute und Moni sammeln .
Tilo und Anna sammeln .
Marie und Uwe sammeln .

Ihr Blätter, wollt ihr tanzen?

Ihr Blätter, wollt ihr tanzen?
So sprach im Herbst der Wind.
Ja, ja, wir wollen tanzen,
ja, ja, wir wollen tanzen,
komm, hol uns nur geschwind!

Der Winter ist da

A, a, a, der Winter, der ist da!
Herbst und Sommer sind vergangen,
Winter, der hat angefangen.
A, a, a, der Winter, der ist da!

E, e, e, jetzt gibt es Eis und Schnee!
...

I, i, i, ich frier im Winter nie!
...

O, o, o, wie sind wir alle froh!
...

U, u, u, jetzt weiß ich, was ich tu!
...

Ein einfaches Vogelhaus

- 2 Holzbrettchen
- Löcher in die Ecken bohren
- durch die Löcher eine feste Schnur ziehen

Weihnachten

Nun ist Weihnachten da!

Anna und Tilo 

mit  und .

An den  sind rote .

Unter dem  ist eine .

Ihr Kinderlein, kommet

Ihr Kinderlein, kommet,
o kommet doch all!
Zur Krippe her kommet
in Bethlehems Stall! …

Siehst du, Ostereierschalen
kann man so und so bemalen.
Innen sind die Eier gleich,
immer gelb und weiß und weich.

Hans Manz

Lustige Ständer für die Ostereier

Hast du Lust,
lustige Ständer
für die Ostereier
zu basteln?
So wird's gemacht:

Komm, lieber Mai!

Komm, lieber Mai, und mache
die Bäume wieder grün,
und laß uns an dem Bache
die kleinen Veilchen blühn!
Wie möchten wir so gerne
ein Veilchen wiedersehn,
ach, lieber Mai, wie gerne
einmal spazieren gehn!

Christian Adolf Overbeck

Im See

Heute ist das Wasser warm,
heute kann's nichts schaden,
schnell hinunter an den See!
Heute gehn wir baden!

Eins, zwei, drei – die Hosen aus,
Stiefel, Wams und Wäsche!
Und dann – plumps! – ins Wasser rein,
gerade wie die Frösche!

Und der schönste Sonnenschein
brennt uns nach dem Bade
Brust und Buckel knusperbraun,
braun wie Schokolade.

Adolf Holst

Laternenfest

Laterne, Laterne,
Sonne, Mond und Sterne!
Brenne auf, mein Licht,
brenne auf, mein Licht,
aber nur meine liebe Laterne nicht!

Volkslied

Ich geh mit meiner Laterne
und meine Laterne mit mir.
Dort oben leuchten die Sterne,
und unten leuchten wir.
Mein Licht ist aus,
ich geh nach Haus,
rabimmel, rabammel, rabum.

Volkslied

Zum Aufsuchen

Gedichte und Reime
sind mit einem * versehen

Seite

2 **Oma**
3 **M m**
4 **ist**
5 **P p**
7 **i**
8 **ruft**
10 **N n**
11 **I**
12 **O o**
13 **und, sind**
17 **L l**
20 **U u**
22 **A a**
23 **E e**
24 **T t**
25 **S s**
27 **R r**
29 **Ei ei**
30 **H h**
34 **D d**
36 **W w**
38 **ie**
40 **F f**
42 **Au au**
44 **B b**
46 **ch**
48 **Sch sch**
49 **Ö ö Ü ü**
50 **K k**
52 **G g**
53 **ß**
54 **V v**
55 **Z z**
56 **J j**
57 **tz Ä ä**
58 **eu**
59 **Äu äu**
61 * Was sind das für Sachen **ng ck**
62 * Der Kaktus **st sp**
63 * Vier kleine Tierrätsel
64 Kinderfest
65 Anke hat Geburtstag **nk**
66 Was Schönes zum Wegwerfen
67 * Mein Ball
68 Wir pflegen unsere Pflanzen **Pf pf**
69 * Fuchs, du hast die Gans gestohlen **chs**
* Vorsicht!
70 * Frühlingsliedchen
* Der Frühling ist kommen
71 * Kurz vor Ostern
* Das Osterei
72 * Regenlied
73 * April, April, April
* Es regnet

74 Am Teich **Qu qu**
75 Meerschweinchen **X x**
76 Unser Baby **Y y**
78 Bei Rot bleibe stehn
79 * Die Verkehrsampel
80 * Mariechen
81 * Eine lustige Woche
82 Wo manche Wörter wohnen
83 * Wenn das M nicht wär erfunden
84 * Segelbootpartie
85 * Warum das Schwein einen Ringelschwanz hat
86 * Vier kleine Pflanzenrätsel
87 * Weißt du es?
88 * Abzählreime
90 Bei Tag und bei Nacht auf Jagd
91 Die Kohlmeise
92 * Was wünschen die Kinder der Erde?
93 Nur eine Schnitte Brot?
94 Sven und Michael
95 Neues vom Franz
96 Wie Puh den Schatten erklärt
97 Schattenspiele
98 * Da fehlt etwas
99 * Kleine Zeichenverse
100 * Rabulan, der Riese
101 * Vom Riesen Timpetu
102 Der süße Brei
104 Schlaraffenland
106 Das Hühnchen, die Maus und das Birkhuhn
108 Ein alter Mann pflanzte kleine Apfelbäume
109 Die Großmutter und die Enkelin
110 * Was Tiere können
111 * Kuddelmuddel
112 Der Rat eines Wolfes
113 Der gierige Wolf
114 Die beiden Ziegen
115 Vom Krebs und der Krähe
116 * Gleich heute abend
117 * Warum ist der Wecker stehengeblieben?
* Was kann das sein?
118 Wohin gehst du, Mutti?
119 Ich bin nicht allein
120 Unsere schöne Heimat
122 Wie die Kinder in anderen Ländern gerufen werden
* Den Kindern der Welt
124 * Wie wohnen die Kinder der Erde?
126 Bimmi
127 Das Zuckerfest
128 Was ich geträumt habe
129 Wo ist Kater Ferdinand?
130 Ein bißchen Angst
132 Manchmal wär ich gern ...
133 Manchmal wünsche ich mir ...
134 Komm mit durchs Jahr!
* Es war eine Mutter
135 * Ihr Blätter, wollt ihr tanzen?
136 * A, a, a, der Winter, der ist da!
137 Weihnachten
138 Ostern
139 * Komm, lieber Mai!
140 * Im See
141 Laternenfest

Quellenverzeichnis

Arena Verlag GmbH, Würzburg Holtz-Baumert, G.: Ein bißchen Angst (1991) ·
Alfred Holz Verlag, Berlin Weinert, E.: Kinder, schaut mal wie wir fliegen! (1959) ·
Beltz Verlag, Weinheim und Basel Gelberg, H.-J.: Überall und neben dir (1989) · Maar, P.: Dann wird es wohl das Nashorn sein (1988) ·
Der Kinderbuchverlag, Berlin Abraham, P.: Abc, lesen tut nicht weh (1975) · Ans Fenster kommt und seht (1964) · Brecht, B.: Ein Kinderbuch (1966) · Die Kinder- und Hausmärchen der Brüder Grimm (1963) · Guggenmos, J.: Ich muß dir etwas zwitschern (1976) · Herold, G.: Die Giraffe Emma Langbein (1978) · Herold, G.: Ein junger Kater wünscht sich Mäuse (1983) · Hilzheimer, H.: Zur Schule geh ich seit drei Tagen (1973) · Preisler, H.: Kinderreime und Kinderlieder aus „Des Knaben Wunderhorn" (1970) · Reich, I.: Das goldene Buch der Tiere (1975) · Roscher, A.: Ilse Bilse (1981) · Sonne, schieb die Wolken weg (1970) · Schubert, H.: Bimmi und das Hochhausgespenst (1980) · Tolstoi, L.: Kleine Geschichten (1966) ·
Domowina Verlag, Bautzen Unsere deutsche Fibel (1984) ·
Georg Bitter Verlag KG, Recklinghausen Guggenmos, J.: Was denkt die Maus am Donnerstag? (1967) ·
Georg Lentz Verlag, München Krüss, J.: Alle Kinder dieser Erde (1979) ·
Kriterion Verlag, Bukarest Der Wunschring (1980) ·
Loewes Verlag, Bindlach Guggenmos, J.: Leselöwenrätselgeschichten (1986) ·
Obelisk-Verlag, Wien Krüss, J.: Bienchen Trinchen Karolinchen (1975) ·
Österreichischer Bundesverlag, Wien Lesen · Texte (1976) ·
Ravensburger Buchverlag Dietl, E.: Manchmal wär ich gern ein Tiger (1987) ·
Rudolf Arnold Verlag, Leipzig Waldspaziergang (o. J.) ·
Saatkorn-Verlag GmbH Der Guckkasten Feste feiern (1988) · Im Rollstuhl (1989) ·
Verlag Friedrich Oetinger, Hamburg Krüss, J.: Der Zauberer Korinthe (1982) · Nöstlinger, Ch.: Neues vom Franz (1985) ·
Verlag Jugend und Volk, Wien/München Lobe, M.: Das Sprachbastelbuch (1975) ·
Verlag Junge Welt, Berlin ABC-Zeitung (3/1979), (3/1981), (6/1981) · Bummi (5/1975) · Der goldene Apfel (1968) · Eene meene Muh, und raus bist du! (1986) ·
Verlag Karl Nitzsche, Niederwiesa Der Honigpflaumenbaum (1980) ·
Verlag Mönchaltorf u. Hamburg Mein Kätzchen Sebastian (1983) ·
Volk und Wissen Verlag, Berlin Unsere Fibel (1968) · Augenreise I (1992) ·

Bearbeitet von Edmund Wendelmuth, Gerhild Schenk und Isolde Stangner.

ISBN 3-06-100186-7

Neubearbeitung
5 4 3 2 1 / 97 96 95 94 93
Alle Drucke dieser Auflage sind unverändert und im Unterricht parallel nutzbar.
Die letzte Zahl bedeutet das Jahr dieses Druckes.

Printed in Germany
Gesamtherstellung: H. Heenemann GmbH & Co, Berlin
Redaktion: Gerhild Schenk
Typographische Gestaltung: Gerhard Neitzke

M

N

Q

R

U

V